Hier siehst du den Berliner Dom auf der Museumsinsel. Wenn du den Weg durch das Labyrinth zum Dom findest und dabei die Buchstaben aufsammelst, erfährst du, welchen »Rekord« Berlin aufstellt.

Berlin hat mehr Brücken als | | | | | | | |

Berlin hat mehr Brücken als VENEDIG.

Wie viel weißt du über Berlin? Löse die Quizfragen und trage die Buchstaben hinter den richtigen Lösungen unten ein, dann erfährst du den Namen eines großen Flusses im Westen Berlins.

1. Wie heißt das größte Waldgebiet Berlins?
   a. Schwarzwald (U)
   b. Grunewald (H)
   c. Hochwald (QU)

2. Wie heißt der berühmteste Platz Berlins?
   a. Alexanderplatz (AV)
   b. Friedrichsplatz (N)
   c. Wilhelmsplatz (AT)

3. Welches Tier hat Berlin im Wappen?
   a. Adler (SI)
   b. Bär (E)
   c. Löwe (SC)

4. Wie heißt der Fluss, der quer durch Berlin fließt?
   a. Elbe (NN)
   b. Oder (H)
   c. Spree (L)

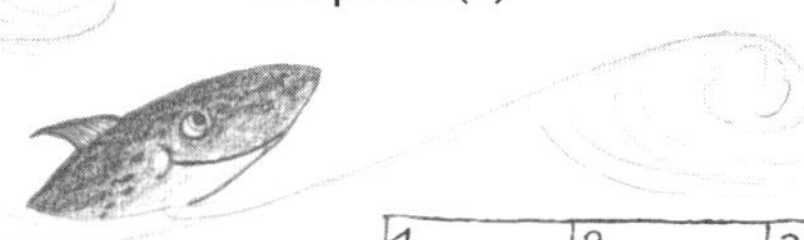

1	2	3	4

1b, 2a, 3b, 4c

HAVEL

In der jetzigen Mitte Berlins entstand vor fast 800 Jahren die Doppelansiedlung Berlin und Cölln. Sehr wahrscheinlich sind die Namen slawischen Ursprungs und weisen auf die damals wohl eher ungemütliche Umgebung hin.
Wenn du die beiden Rebus-Rätsel löst, weißt du, was die Namen Berlin und Cölln bedeuten.

1

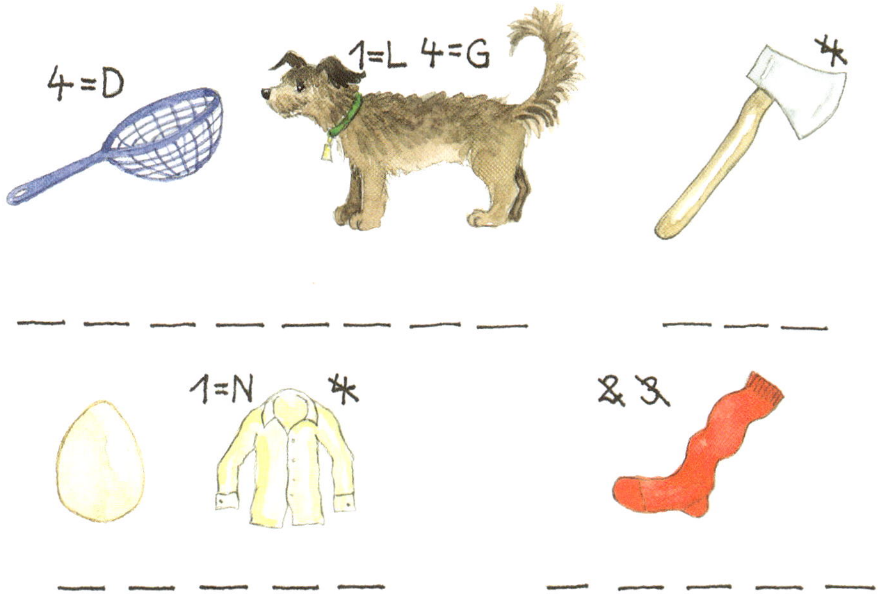

2

1. Berlin: Siedlung bei einem Sumpf
2. Cölln: Der aus dem Wasser ragt

Setze die Bezeichnungen der abgebildeten Dinge an den richtigen Stellen im Kreuzworträtsel ein, und du bekommst mithilfe der Lösungsleiste heraus, wie die bekannteste Straße Berlins heißt.

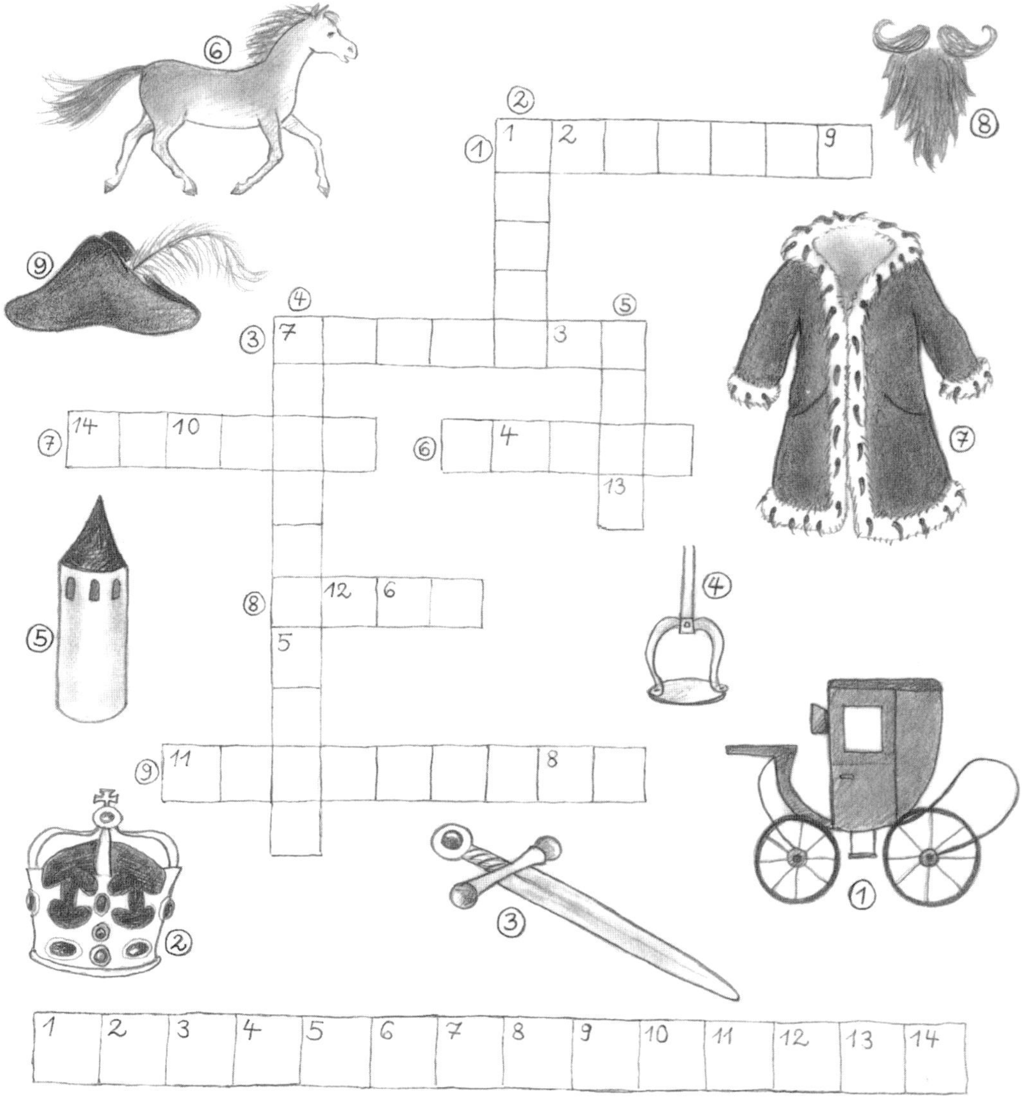

1. Kutsche, 2. Krone, 3. Schwert, 4. Steigbügel, 5. Turm, 6. Pferd, 7. Mantel, 8. Bart, 9. Dreispitz

KURFÜRSTENDAMM

Er war bis 1883 ein Knüppeldamm, also ein durch Holzbohlen befestigter Weg, auf dem Kurfürsten und Könige vom Berliner Stadtschloss in den Grunewald zur Jagd ritten.

Hier siehst du eine Karte von Berlin mit einigen der vielen Seen im Stadtgebiet. Zu jedem See gibt es einen Rebus. Wenn du die sieben Rätsel löst, weißt du, wie die Seen heißen.

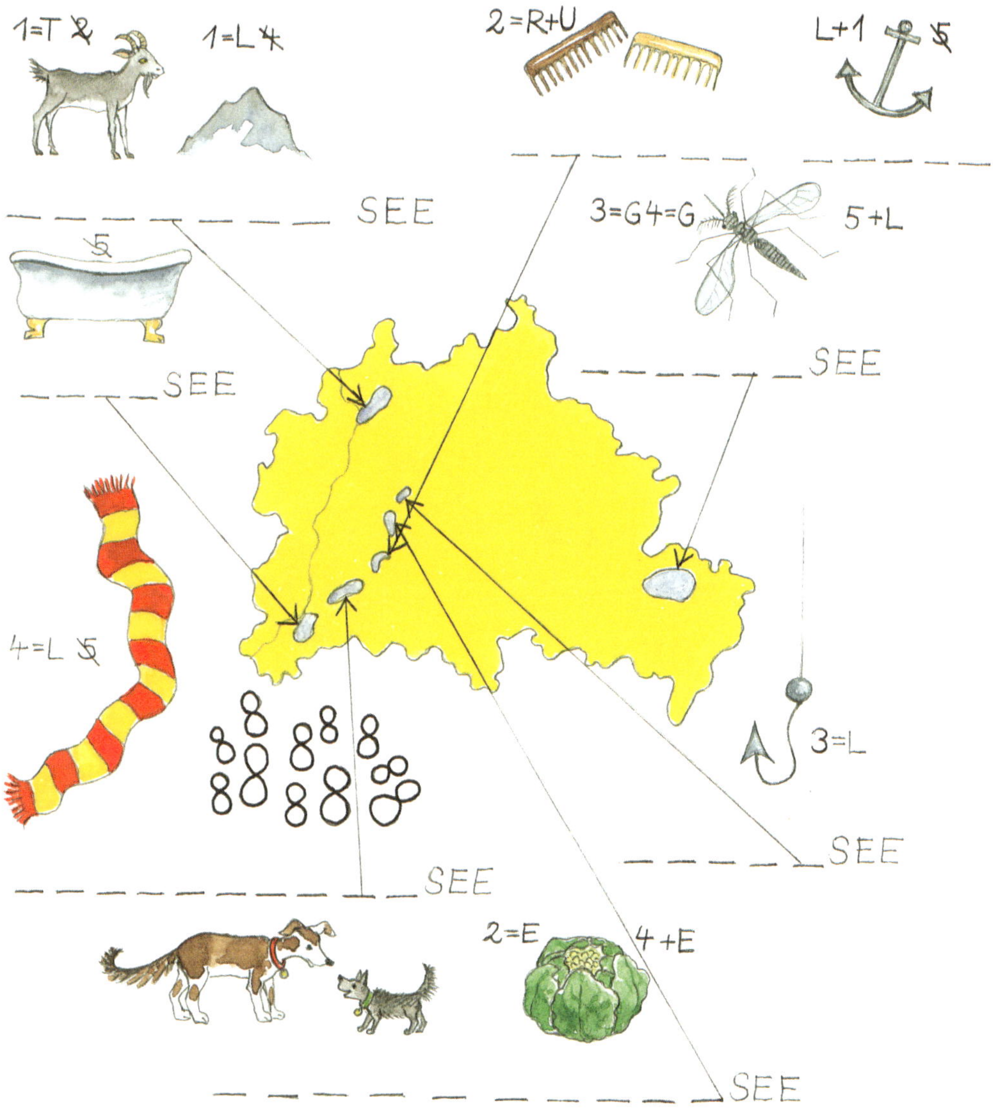

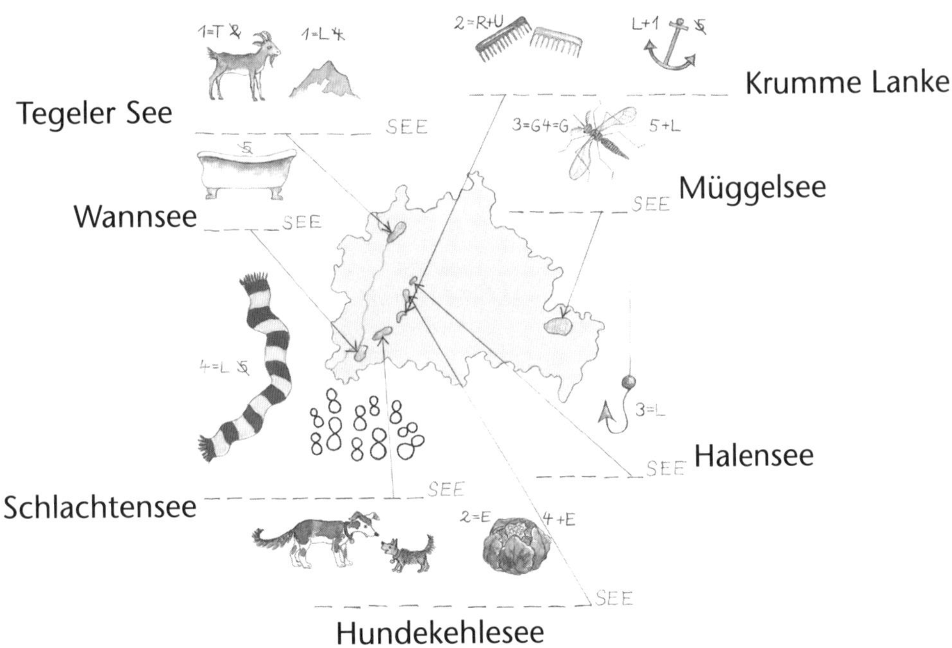
1=T 2
1=L 4
2=R+U
L+1 5
Krumme Lanke
Tegeler See
SEE
3=G4=G
5+L
Müggelsee
SEE
Wannsee
SEE
4=L 5
3=L
Halensee
SEE
Schlachtensee
SEE
2=E
4+E
SEE
Hundekehlesee

In Berlin gibt es natürlich viele Souvenirs zu kaufen. Hier siehst du acht Brandenburger Tore aus Marzipan. Nur zwei davon sind ganz gleich geraten. Welche sind es? Kreuze sie an.

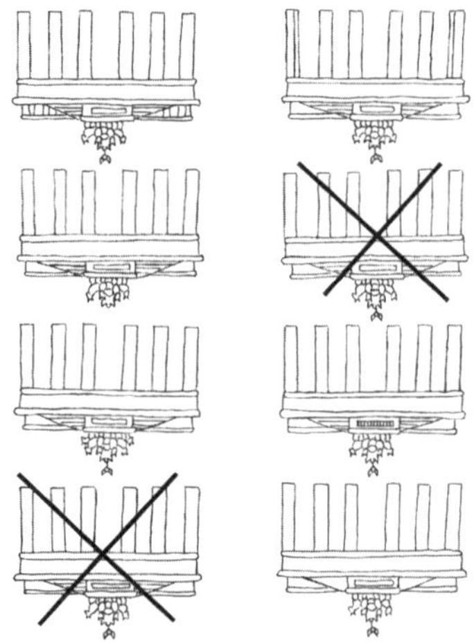

Trage die Begriffe an der richtigen Stelle in das Kreuzworträtsel ein. Wenn du die nummerierten Buchstaben in die Lösungsleiste überträgst, erfährst du, was in den Fünfzigerjahren in Berlin erfunden worden sein soll.

1	2	3	4		5	6	7	8	9
				Y					

KARTOFFELSALAT · SOFTEIS · BRATWURST · KIRSCHTORTE · HÖRNCHEN · KAUGUMMI · PRALINEN · LUTSCHER · PFANNKUCHEN

Die CURRYWURST

Wie viel weißt du über die Geschichte Berlins? Wenn du die Quizfragen löst und die richtigen Buchstaben in die Lösungsleiste einträgst, weißt du, wie das Land, in dem Berlin liegt, früher hieß.

1. Wo wurde Berlin gegründet?
   a. auf einem Berg (GE)
   b. in einem Tal (LE)
   c. an einer Furt an der Spree (PR)

2. Wann wurde Berlin gegründet?
   a. 1237 (EU)
   b. 1750 (RM)
   c. 897 (IM)

3. 1470 wurde Berlin zum Regierungssitz der Brandenburgischen ...?
   a. Bischöfe (AU)
   b. Kurfürsten (SS)
   c. Ritter (LA)

4. Wann wurde entschieden, dass Berlin wieder Hauptstadt wird?
   a. 1991 (EN)
   b. 2000 (ND)
   c. 1945 (ZE)

1c, 2a, 3b, 4a

PREUSSEN

Welche Tiere sind in der Stadt Berlin und ihren Wäldern und Seen heimisch, welche nicht? Die Buchstaben neben den Bildern ergeben in der richtigen Reihenfolge den Namen eines der größten Waldgebiete in Berlin.

GRUNEWALD

Im Stadtgebiet Berlins leben unter anderem der Fuchs, das Wildschwein, das Reh, der Reiher, der Haubentaucher und das Kaninchen.

Berlin hat viele Bauwerke, die im 19. Jahrhundert gebaut wurden und im Stil griechischen Tempeln nachempfunden sind. Ein Spitzname Berlins kommt daher. Wenn du die Bezeichnungen für die abgebildeten Gegenstände in der richtigen Reihenfolge in die Spalten einträgst, ergibt sich in der hellgrauen vertikalen Spalte dieser Spitzname.

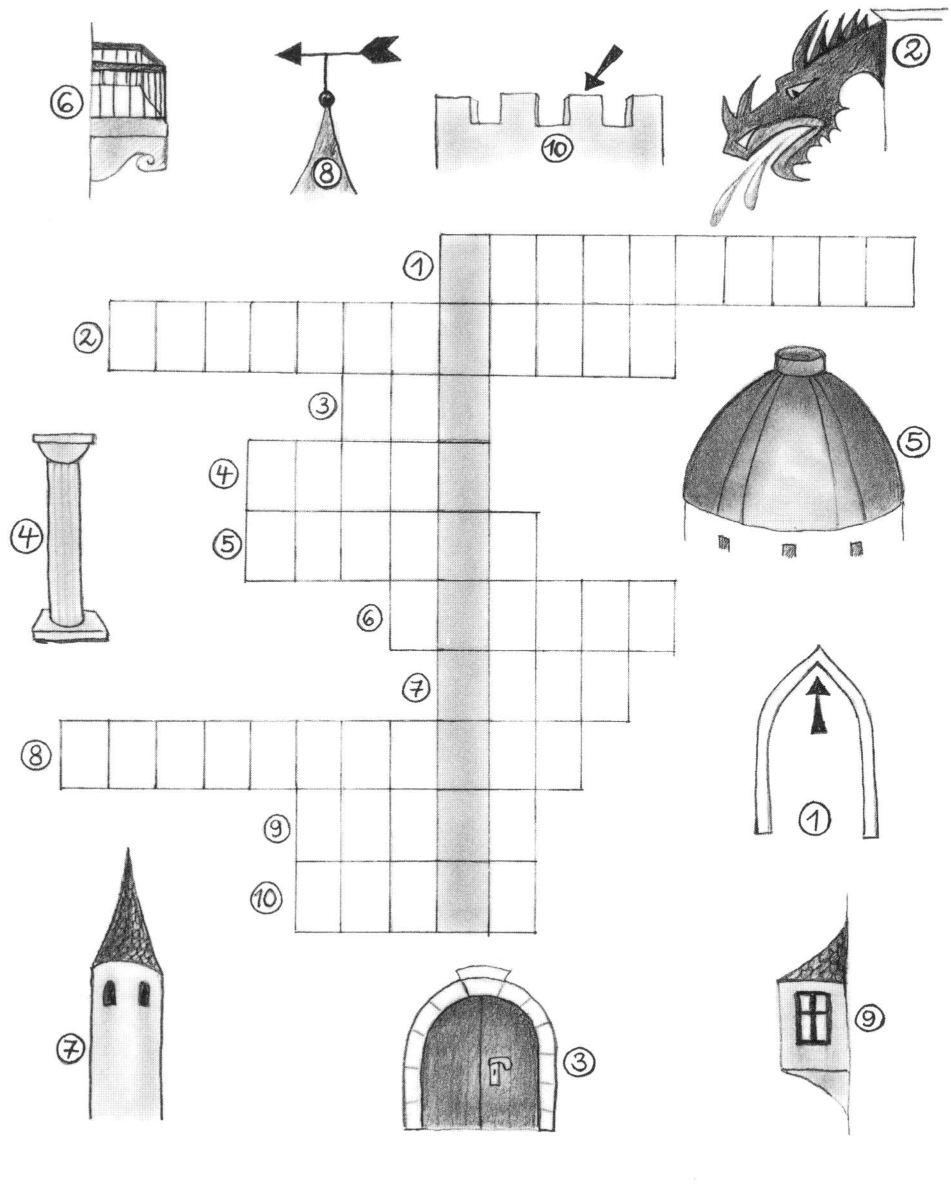

1. Spitzbogen, 2. Wasserspeier, 3. Tor, 4. Säule, 5. Kuppel, 6. Balkon, 7. Turm, 8. Wetterfahne, 9. Erker, 10. Zinne

SPREE-ATHEN

Hier siehst du sechs verschiedene Bäume. Wenn du in die Lösungsleisten einträgst, wie sie heißen, ergeben die farbig markierten Kästchen den Namen einer berühmten Berliner Prachtstraße.

Unter den

Palme · Birke · Kastanie · Weide · Apfelbaum · Tanne

Unter den LINDEN

Hier kannst du dein Wissen über die DDR testen. Wenn du die Fragen richtig beantwortest und die Buchstaben hinter den Lösungen in die Lösungsleiste einträgst, erfährst du, was Westberlin zu DDR-Zeiten im übertragenen Sinne war.

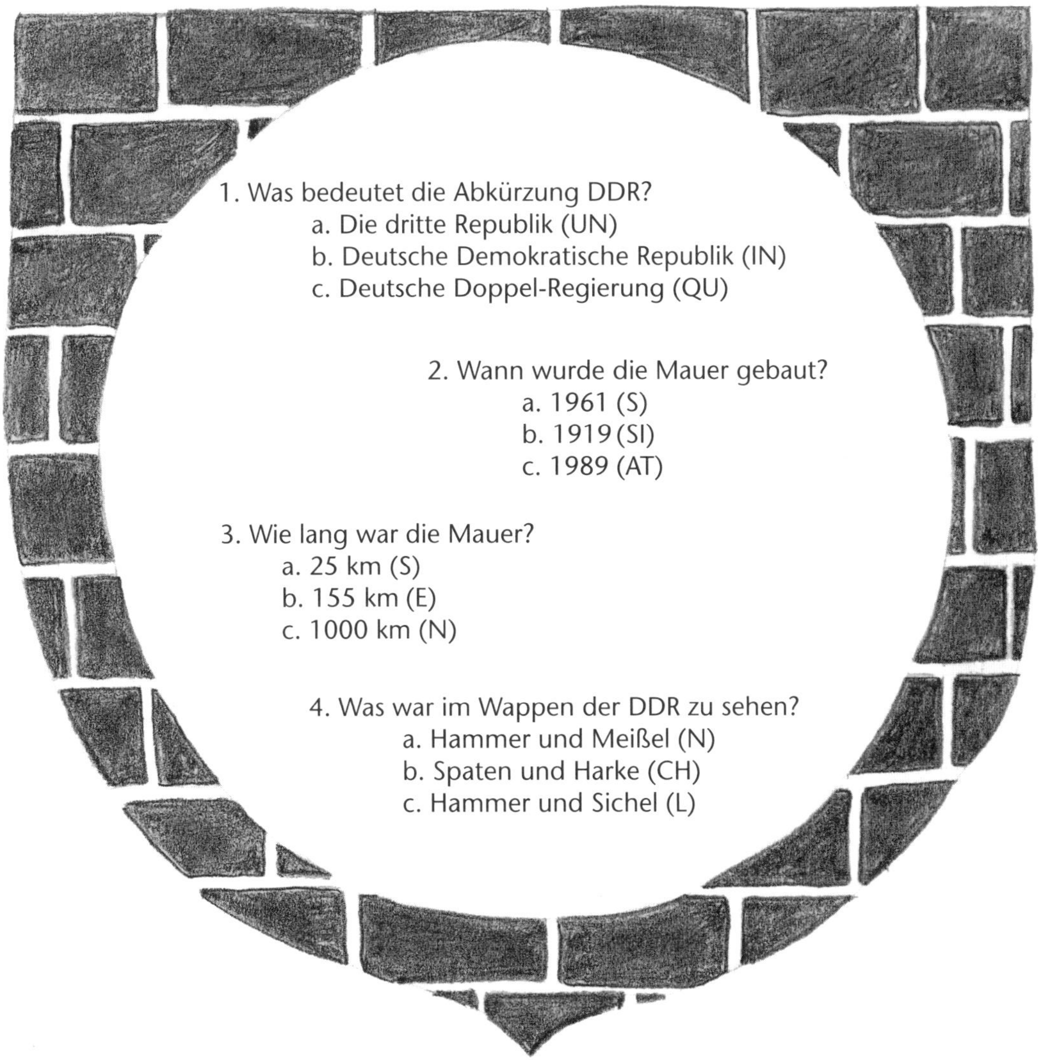

1. Was bedeutet die Abkürzung DDR?
   a. Die dritte Republik (UN)
   b. Deutsche Demokratische Republik (IN)
   c. Deutsche Doppel-Regierung (QU)

2. Wann wurde die Mauer gebaut?
   a. 1961 (S)
   b. 1919 (SI)
   c. 1989 (AT)

3. Wie lang war die Mauer?
   a. 25 km (S)
   b. 155 km (E)
   c. 1000 km (N)

4. Was war im Wappen der DDR zu sehen?
   a. Hammer und Meißel (N)
   b. Spaten und Harke (CH)
   c. Hammer und Sichel (L)

Eine

1	2	3	4

1b, 2a, 3b, 4c

Eine INSEL

Westberlin hatte eine Insellage, weil es ganz von der DDR umgeben war.

Fürsten brauchen immer Geld ... So auch der Große Kurfürst in Berlin. 1685 richtete er seinem Alchimisten (»Goldmacher«) Kunkel ein Laboratorium auf der Pfaueninsel in der Havel ein, dort sollte er Gold herstellen. Das schaffte Kunkel natürlich nicht. Was er aber durch Zufall herstellte, erfährst du, wenn du die durcheinandergeratenen Silben richtig zusammensetzt, in das Kreuzworträtsel einträgst und die markierten Buchstaben in die Lösungsleiste überträgst. Einige der Buchstaben aus den Silben sind als kleine Hilfe schon im Kreuzworträtsel eingetragen.

Re, fen, ne, Schlan, sche, Fle, a, Feu, maus,
Spin, er, Maus, ge, glas, Buch, der, O, Fla, genz

RUBINGLAS (rot gefärbtes Glas)

Hier siehst du Bilder von ganz besonderen Orten in Berlin. Entziffere die Geheimschrift und trage die nummerierten Buchstaben in die Lösungsleiste ein, dann weißt du, wozu sie gehören (kleiner Tipp: A = 1, B = 2 usw.).

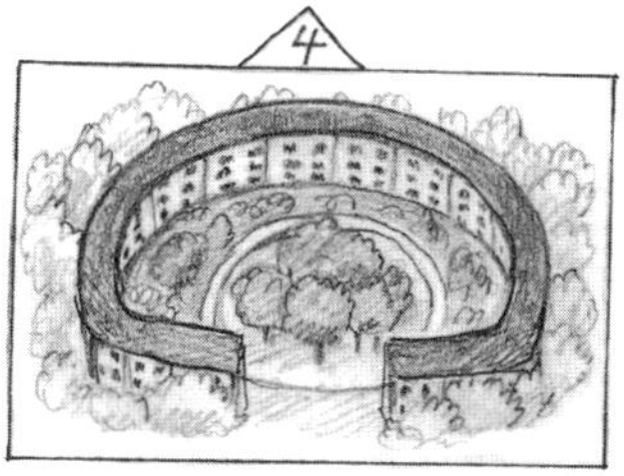

1	7	12	9	5	14	9	3	11	5	18		16	1	18	11
	_	_	_	_	_	_	_5	_	_	_		_	_	_	_

2	16	6	1	21	5	14	9	14	19	5	12
	_	_	_	_1	_	_	_	_	_	_	_

3	13	21	19	5	21	13	19	9	14	19	5	12
	_	_	_4	_	_	_	_	_	_2	_	_	_

4	23	15	8	14	19	9	5	4	12	21	14	7	5	14		4	5	18
	_	_	_	_	_	_	_3	_	_	_	_	_	_	_		_	_	_

4	2	5	18	12	9	14	5	18		13	15	4	5	18	14	5
	_	_	_	_	_	_	_	_		_	_6	_	_	_	_	_

1	2	3	4	5	6	
						Welterbe

1. Glienicker Park
2. Pfaueninsel
3. Museumsinsel
4. Wohnsiedlungen der Berliner Moderne

UNESCO Welterbe

Das Aquarium im Berliner Zoo gehört zu den artenreichsten der Welt. Außer Fischen gibt es noch eine große Menge Amphibien, Reptilien, Insekten und Spinnen zu sehen. Wenn du die Namen der Tiere in der richtigen Reihenfolge in die Spalten einträgst, ergibt sich in den farbigen Kästchen der Name einer Tierart, die hier als Besonderheit gezüchtet und gezeigt wird.

1. Kaulquappe, 2. Miesmuschel, 3. Hai, 4. Schildkröte, 5. Libelle,
6. Seepferdchen, 7. Seestern

QUALLEN

Hier siehst du Bilder von Dichtern, die lange oder zeitweise in Berlin gelebt und gearbeitet haben. Wenn du die Geheimschrift entzifferst und die nummerierten Buchstaben in die Lösungsleiste einträgst, weißt du, was sie miteinander verbindet (kleiner Tipp: A = 1, B = 2 usw.).

1: | 2 | 5 | 18 | 20 | 15 | 12 | 20 | | 2 | 18 | 5 | 3 | 8 | 20 |

_ (1) _ _ _ _ (10) _ _   _ (9) _ _ _ _ _

2: | 8 | 5 | 9 | 14 | 18 | 9 | 3 | 8 | | 13 | 1 | 14 | 14 |

_ _ _ _ (3) _ _ _   _ _ _ (6)

3: | 5 | 18 | 9 | 3 | 8 | | 11 | 1 | 5 | 19 | 20 | 14 | 5 | 18 |

(2) _ (5) _ _   _ _ _ _ _ _ _ (11)

4: | 7 | 21 | 5 | 14 | 20 | 5 | 18 | | 7 | 18 | 1 | 19 | 19 |

_ _ _ (13) _ (12) _   (7) _ _ _ _

5: | 3 | 1 | 18 | 12 | | 26 | 21 | 3 | 11 | 13 | 1 | 25 | 5 | 18 |

_ _ _ (4)   _ _ _ _ _ _ _ (8) _

Sie sind nicht in

1	2	3	4	5	6

7	8	9	10	11	12	13

1. Bertolt Brecht, 2. Heinrich Mann, 3. Erich Kästner, 4. Günter Grass,
5. Carl Zuckmayer

Sie sind nicht in BERLIN GEBOREN.
Wie man in Berlin sagt, sind sie »gelernte Berliner«.

Wenn du die Geheimschrift unter den Gegenständen auf dem Tisch entzifferst, erhältst du die Berliner Bezeichnungen für diese dort besonders beliebten Speisen und Getränke.

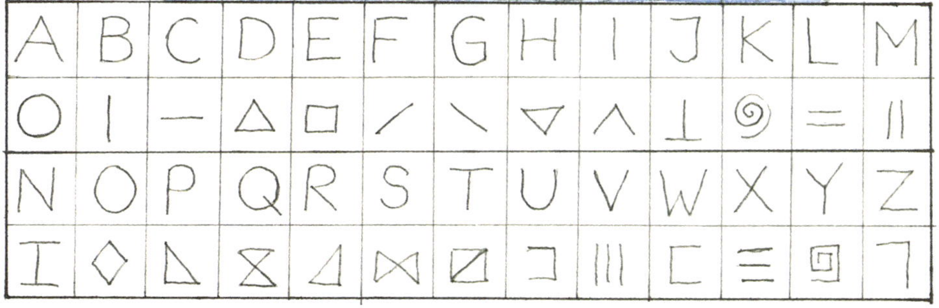

Schmalzstulle (Schmalzbrot), Bulette (Frikadelle), Molle (Glas Bier), Schusterjunge (Roggenbrötchen), Schrippe (Brötchen)

Wie viele Wörter kannst du aus den Buchstaben des Wortes »Berliner« bilden? Finde mindestens 15!

LIEBE, BEIN, REIN, EILE ...

Liebe, Bein, rein, Eile, reiben, in, Leine, Birne, Rebe, Reibe, Brei, Beil, Ei, er, Erle, Nebel usw.

Hier siehst du das berühmteste Tier, das jemals im Berliner Zoo lebte. Wenn du den Weg zu ihm findest und dabei die Buchstaben aufsammelst, erfährst du seinen Namen.

KNUT, der Eisbär

Das männliche Eisbärbaby Knut wurde im Dezember 2006 im Berliner Zoo geboren und von den Pflegern aufgezogen. Es war die erste Eisbärgeburt im Berliner Zoo seit über 30 Jahren und wurde zur großen Attraktion.

Hier sind noch einige Fragen zu Berlin und den Berlinern. Wenn du sie richtig beantworten kannst und die Buchstaben in die Lösungsleiste einträgst, erfährst du, was man den Berlinern nachsagt. Nämlich: Sie seien ...?

1. Wie lautet der Spitzname des beliebtesten Königs, der je in Berlin regierte?
   a. Alter Fritz (SCH)
   b. Großer Wilhelm (BL)
   c. Kühner Karl (ER)

2. Wer sagte: »Ich bin ein Berliner!«?
   a. Charles de Gaulle (ÖD)
   b. Konrad Adenauer (FU)
   c. J. F. Kennedy (LAG)

3. Man sagt den Berlinern nach, sie hätten:
   a. Hirn mit Klappe (SIN)
   b. Herz mit Schnauze (FER)
   c. Kopf mit Mundwerk (ND)

4. Was meint der Berliner, wenn er sagt: »Das ist jwd.«?
   a. janz weit draußen (TIG)
   b. ja wirklich doof (NIG)
   c. Jacke wie Dose (EN)

1a, 2c, 3b, 4a

SCHLAGFERTIG

Erich Kästner hat viele Bücher geschrieben. Drei davon spielen ganz oder teilweise in Berlin. Ihre Titel sind hier als Rebus verschlüsselt. Wenn du die Rätsel löst, weißt du, wie die Bücher heißen.

(1) _ _ _ _ _ _ _ _ _   _ _ _   _ _ _ _ _

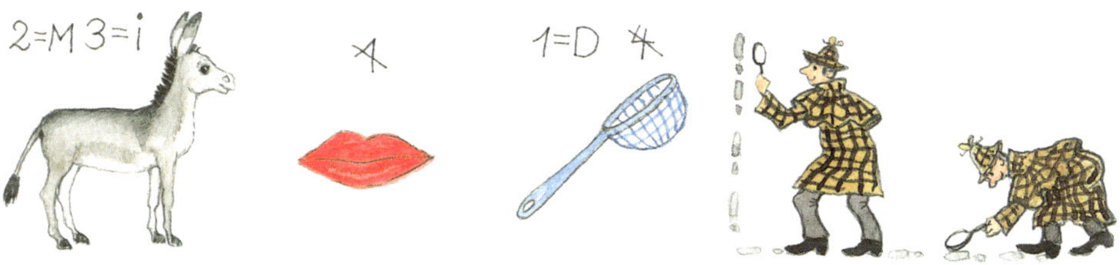

(2) _ _ _ _   _ _ _   _ _ _   _ _ _ _ _ _ _ _ _

(3) _ _ _ _   _ _ _ _ _ _   _ _   _ _ _ _ _ _ _

1. Pünktchen und Anton
2. Emil und die Detektive
3. Drei Männer im Schnee

In diesem Buchstabensalat stecken waagerecht und senkrecht (auch rückwärts!) 20 Begriffe, die mit der Stadt Berlin zu tun haben. Die übrigen Buchstaben ergeben den Namen des Bundeslandes, das den Stadtstaat Berlin umgibt.

M	M	A	D	N	E	T	S	R	Ü	F	R	U	K
Z	P	B	R	N	E	T	R	A	G	R	E	I	T
T	R	E	I	C	H	S	T	A	G	A	N	H	K
I	E	K	M	Ü	G	G	E	L	S	E	E	A	R
R	U	Ö	Z	M	R	U	T	K	N	U	F	V	E
F	S	P	O	R	M	R	E	S	I	A	K	E	U
R	S	E	O	Ä	A	D	L	E	G	E	T	L	Z
E	E	N	E	B	U	R	E	N	I	L	R	E	B
T	N	I	S	I	E	G	E	S	S	Ä	U	L	E
L	N	C	S	P	R	E	E	B	U	W	D	K	R
A	R	K	G	F	O	H	L	E	P	M	E	T	G

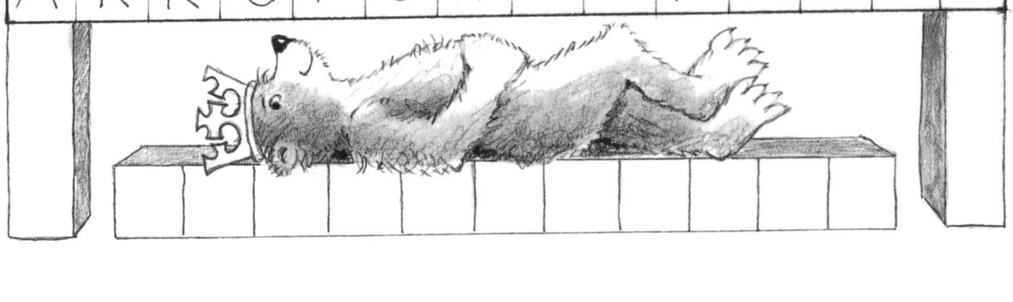

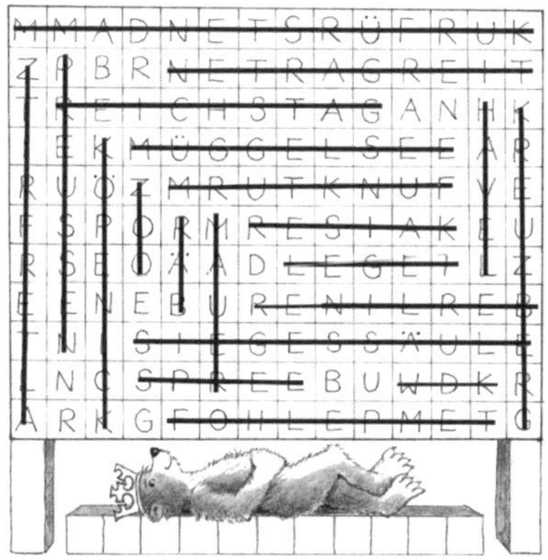

Der Botanische Garten in Berlin ist der drittgrößte der Welt und besitzt außerdem etwas ganz Besonderes. Setze die Bezeichnungen für die abgebildeten Dinge und Pflanzen in die richtigen Spalten des Kreuzworträtsels ein und übertrage die farbig markierten Buchstaben in die Lösungsleiste, dann weißt du, was das Besondere ist.

Das höchste der Welt

1. Harke, 2. Sack, 3. Gieß(ss)kanne, 4. Seerose, 5. Kaktus, 6. Rose, 7. Orchidee, 8. Weinrebe, 9. Spaten, 10. Palme, 11. Säge

Hier steht das höchste GEWÄCHSHAUS der Welt.

Hier siehst du Bilder von Wissenschaftlern, die mit der Humboldt Universität in Berlin verbunden waren. Wenn du die Geheimschrift entzifferst und die nummerierten Buchstaben in die Lösungsleiste einträgst, erfährst du, was sie außerdem gemeinsam haben.

1: | 18 | 15 | 2 | 5 | 18 | 20 | | 11 | 15 | 3 | 8 |

_ _ _ _ _ _   _ _ _ _
7 (unter dem 1. Buchstaben), 3 (unter dem 3. Buchstaben)

2: | 1 | 12 | 2 | 5 | 18 | 20 | | 5 | 9 | 14 | 19 | 20 | 5 | 9 | 14 |

_ _ _ _ _ _   _ _ _ _ _ _ _ _
5 (unter dem 2. Buchstaben), 9 (unter dem 7. Buchstaben des zweiten Wortes)

3: | 13 | 1 | 24 | | 16 | 12 | 1 | 14 | 3 | 11 |

_ _ _   _ _ _ _ _ _
6 (unter dem 1. Buchstaben des zweiten Wortes)

4: | 23 | 5 | 18 | 14 | 5 | 18 | | 8 | 5 | 9 | 19 | 5 | 14 | 2 | 5 | 18 | 7 |

_ _ _ _ _ _   _ _ _ _ _ _ _ _ _ _
4 (unter dem 2. Buchstaben), 8 (unter dem 2. Buchstaben des zweiten Wortes)

5: | 15 | 20 | 20 | 15 | | 8 | 1 | 8 | 14 |

_ _ _ _   _ _ _ _
2 (unter dem 1. Buchstaben)

6: | 5 | 18 | 23 | 9 | 14 | | 19 | 3 | 8 | 18 | 15 | 5 | 4 | 9 | 14 | 7 | 5 | 18 |

_ _ _ _ _   _ _ _ _ _ _ _ _ _ _ _ _
10 (unter dem 1. Buchstaben des zweiten Wortes), 1 (unter dem 8. Buchstaben des zweiten Wortes)

Sie bekamen den

1	2	3	4	5	6	7	8	9	10

1. Robert Koch, 2. Albert Einstein, 3. Max Planck, 4. Werner Heisenberg, 5. Otto Hahn, 6. Erwin Schrödinger

Sie bekamen den NOBELPREIS.

Wie viel weißt du über die Geografie Berlins? Wenn du die Fragen richtig beantwortest und die Buchstaben in die Lösungsleiste einträgst, erfährst du den Namen des größten Berliner Sees.

1. Wie viele Kilometer Uferlinie hat Berlin insgesamt?
   a. 50 km (ST)
   b. 5000 km (AU)
   c. 500 km (MÜ)

2. Wie viele Seen gibt es in Berlin?
   a. 62 Seen (GGE)
   b. 26 Seen (MMT)
   c. 16 Seen (CH)

3. Wie heißt der höchste Berg in Berlin?
   a. Brocken (1141 m) (NI)
   b. Müggelberge (115 m) (LS)
   c. Deister (405 m) (FAL)

4. Wie viele Straßenbäume gibt es in Berlin?
   a. 400 000 Straßenbäume (EE)
   b. 25 000 Straßenbäume (CHT)
   c. 100 000 Straßenbäume (SCH)

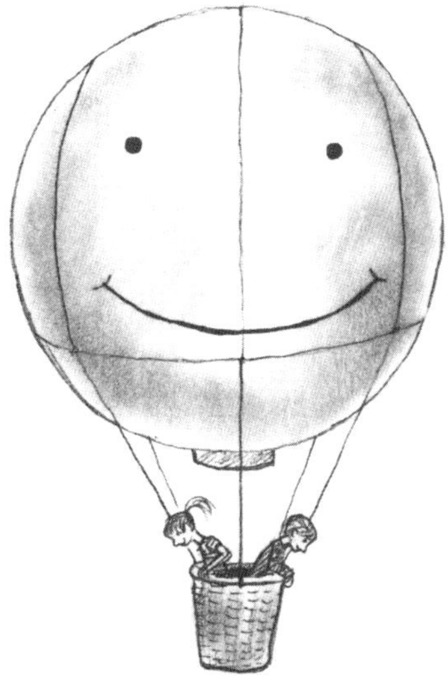

1	2	3	4

1c, 2a, 3b, 4a

MÜGGELSEE

Am 24. Juni 1948 blockierten die Sowjets alle Zufahrtswege nach Berlin. Die Amerikaner organisierten eine »Luftbrücke«, die elf Monate lang 2,5 Millionen Menschen mit allem Lebensnotwendigen aus der Luft versorgte. Wenn du die wirren Buchstaben zu sinnvollen Wörtern zusammensetzt, ergibt sich in den farbigen Kästchen der Spitzname, den die Berliner den amerikanischen Flugzeugen gaben.

GENARON
TROB
STRUW
ERIE
NOBNOBS
LEPFÄ
TRÖBNECH
RINBEN
LAKOSCHODE
HÖMERN
ANBANNE
EBÜRN
NELKROFFAT

Orangen
Brot
Wurst
Eier
Bonbons
Äpfel
Brötchen
Birnen
Schokolade
Möhren
Bananen
Rüben
Kartoffeln

ROSINENBOMBER

Das Denkmal, das hier zweimal zu sehen ist, stellt Friedrich den Großen dar, der von den Berlinern auch liebevoll »Der Alte Fritz« genannt wird. Er regierte von 1740 bis 1786 und machte Berlin zu einer bedeutenden mitteleuropäischen Stadt. Im rechten Bild haben sich zehn Fehler eingeschlichen. Findest du sie? Kreise sie ein.

FRIDERICUS
REX

FRIDERICUS
REX

Jedes Jahr im Februar finden die Internationalen Filmfestspiele in Berlin statt. Sie gelten als größtes Publikumsfestival der Welt. Auf dem Bild siehst du eine Menge Menschen, die auf ihre Lieblingsstars warten. Einige schwingen begeistert Fähnchen. Wenn du die Buchstaben auf den Fähnchen in der richtigen Reihenfolge zusammensetzt, ergibt sich der Name dieses Festivals.

Hier sind einige Fragen zu Berliner »Merkwürdigkeiten«. Beantworte sie und trage die richtigen Buchstaben in die Lösungsleiste ein, dann kennst du den Berliner Spitznamen für den Teufelsberg im Grunewald.

1. Woraus ist der zweithöchste Berg Berlins, der 114 m hohe Teufelsberg im Grunewald, entstanden?
   a. Vulkanausbruch (ALL)
   b. Wanderdünen (VE)
   c. Schutt aus dem Zweiten Weltkrieg (MO)

2. Was befindet sich am Teufelsberg?
   a. eine Skipiste (NT)
   b. das größte Kaufhaus Berlins (ES)
   c. ein Hexentanzplatz (R)

3. Was gab es 1880 in Berlin zum ersten Mal weltweit?
   a. ein Faxgerät (QU)
   b. ein Telefonbuch (KLA)
   c. ein Comic-Heft (K)

4. Was wurde 1815 in Berlin »erfunden«?
   a. der mit Kerzen geschmückte Christbaum (MO)
   b. der Schokoladenosterhase (AT)
   c. die Badehose (EH)

5. Was ist die »Eastside Gallery«?
   a. der längste Eisverkaufsstand der Welt (SCH)
   b. das älteste Kaufhaus der Welt (RT)
   c. die weltweit größte Graffiti-Fläche (TT)

1	2	3	4	5

1c (insgesamt etwa 25 Mio. m^3!), 2a, 3b, 4a, 5c (auf einem Stück der Berliner Mauer: 1300 m lang!)

MONT KLAMOTT

In dem Buchstabensalat haben sich 17 Hauptstädte versteckt, waagerecht und senkrecht (auch rückwärts!) gelesen. Die übrigen Buchstaben ergeben ein Land, aus dem 200 000 Menschen kommen, die in Berlin leben. Das ist weltweit die größte Gemeinde außerhalb ihres Heimatlandes.

W	A	S	H	I	N	G	T	O	N	T	K
N	Ü	M	L	O	H	K	C	O	T	S	O
O	Y	T	I	C	O	C	I	X	E	M	P
B	D	E	N	H	A	A	G	R	L	K	E
A	U	A	H	C	S	R	A	W	O	O	N
S	N	O	T	O	K	I	O	S	N	K	H
S	E	S	P	R	A	G	K	I	D	G	A
I	I	L	E	N	R	E	B	R	O	N	G
L	W	O	D	E	L	H	I	A	N	A	E
I	K	N	I	S	L	E	H	P	I	B	N

TÜRKEI

In Berlin leben Bürger aus 190 Staaten der Erde!

Das Neue Museum auf der Museumsinsel zeigt die Büste einer ägyptischen Königin. Leider fehlen bei diesem Bild einige Teile. Wenn du die passenden Stücke findest und ihre Buchstaben in die Lösungsleiste einträgst, erfährst du den Namen dieser Königin.

Wie viele Wörter kannst du aus den Buchstaben des Wortes »Kurfürstendamm« bilden? Finde mindestens 30!

Daumen, Star, rüsten, für, Mark, Kur, Kurde, Dame, Durst, Fürst, Tür, Stern, Made, am, an, stur, Nest, nur, küren, da, Frust, fast, Kern, Küste, Urne, Rest, Rast, Rat, Daten, Amt usw.

Dieses Bild ist völlig durcheinandergeraten. Wenn du es wieder richtig zusammensetzt, verraten dir die Buchstaben, welches Berliner Bauwerk hier zu sehen ist, wenn du sie in der richtigen Reihenfolge in die Lösungsleiste einträgst.

Berlin ist bekannt für seine vielen kleinen labyrinthisch gebauten Hinterhöfe. Wenn du den einzig richtigen Weg von der Königsgasse zur Kaiserstraße findest und dabei die Buchstaben aufsammelst, erfährst du, was nach alter Vorschrift mindestens in so einen Hinterhof hineinpassen musste.

Eine ____________

Eine FEUERSPRITZE

Feuerspritzen sind von Hand betriebene Feuerlöschpumpen, die bis zum 19. Jahrhundert vielen Feuerwehren zur Brandbekämpfung dienten.

Hier ist ein leicht abgekürztes Zitat von Goethe zu finden, in dem er etwas über die Berliner sagt. Es ist als Rebus verschlüsselt. Kannst du es entziffern?

Ein verwegener Menschenschlag, dem gegenüber man Haare auf den Zähnen haben muss.

Hier kannst du dein Wissen über Berliner »Rekorde« testen. Wenn du die Fragen richtig beantwortest und die Buchstaben in die Lösungsleiste einträgst, weißt du, wie der größte Park in Berlin heißt.

1. Ist Berlin die ...
   a. älteste Stadt Deutschlands? (TO)
   b. größte Stadt Deutschlands? (TI)
   c. jüngste Stadt Deutschlands? (B)

2. Hat Berlin die ...
   a. größte Stadtwaldfläche Deutschlands? (ER)
   b. ältesten Bäume Deutschlands? (TAL)
   c. höchsten Bäume Deutschlands? (LÖ)

3. Ist der Berliner Zoo der ...
   a. schönste Deutschlands? (VE)
   b. kleinste Deutschlands? (D)
   c. älteste Deutschlands? (GA)

4. Ist der Berliner Zoo der ...
   a. mit den meisten Eisbären der Welt? (RKE)
   b. artenreichste der Welt? (RT)
   c. mit den meisten Eisbuden der Welt? (SI)

5. Ist der Berliner Fernsehturm ...
   a. das höchste Bauwerk Deutschlands? (EN)
   b. das höchste Bauwerk der Welt? (HRT)
   c. der älteste Fernsehturm der Welt? (NN)

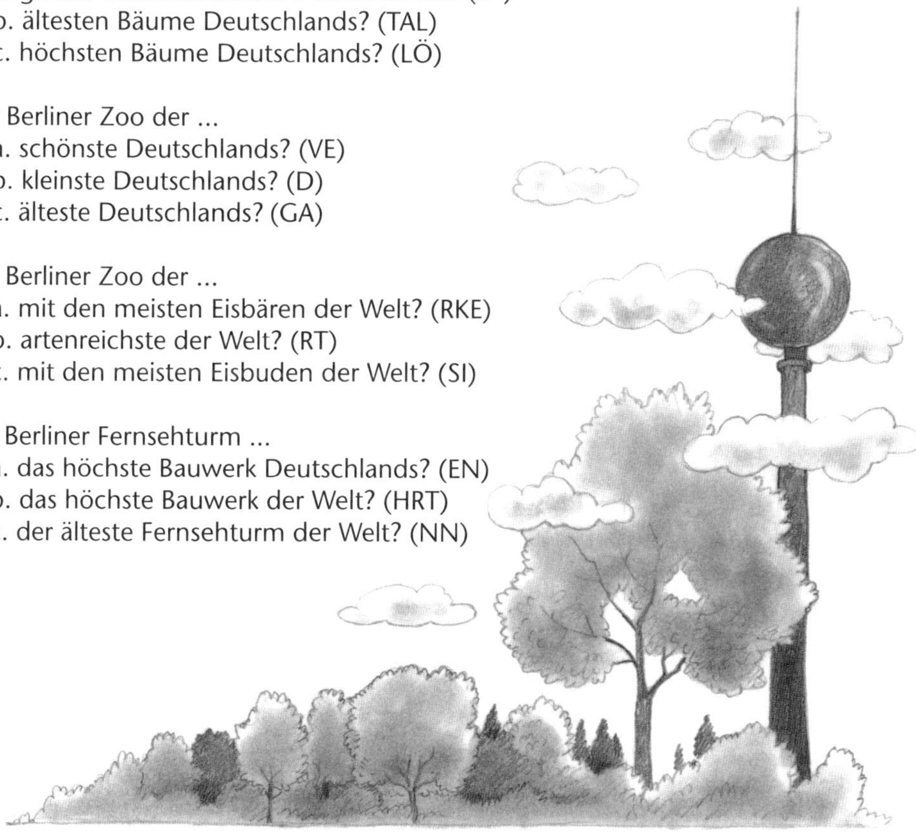

1	2	3	4	5

1b (3,4 Mio.), 2a (29 000 Hektar), 3c (160 Jahre), 4b (17 000 Tiere in 1550 Arten), 5a (368 m)

TIERGARTEN

Friedrich der Große, genannt »Der Alte Fritz«, hatte ein Lieblingstier, mit dem man ihn ständig sah. Wenn du das Kreuzworträtsel löst und die markierten Buchstaben in der richtigen Reihenfolge in die Lösungsleiste einträgst, weißt du, was es für ein Tier war.

1. Kaninchen, 2. Papagei, 3. Pudel, 4. Schwan, 5. Dackel,
6. Bernhardiner

WINDHUND

Hier siehst du viele verschlungene Wege durch den Tiergarten. Nur einer führt zum Brandenburger Tor. Wenn du ihn findest und auf dem Weg zum Ziel die Buchstaben aufsammelst, erfährst du, wer 1806 die Quadriga (den vierspännigen Wagen oben auf dem Tor) abbaute und stahl.

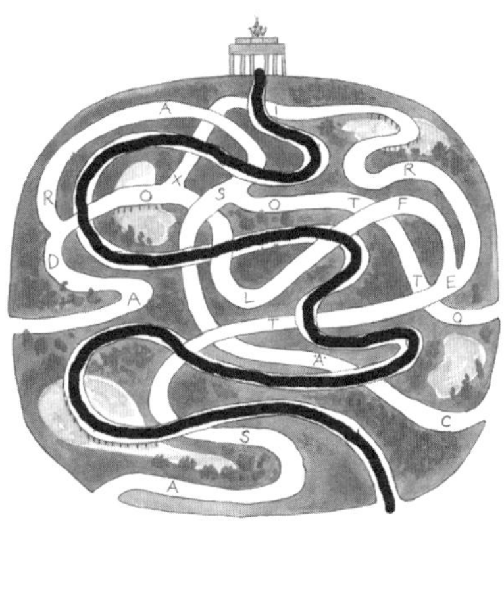

NAPOLEON

Wie viele andere Wörter kannst du aus den Buchstaben des Wortes »Bundestag« bilden? Versuche, mindestens 20 zu finden!

Bad, Gans, sagen, Stand, Tag, Steg, Bund, Band, tagen, Dunst, des, das, es, ans, an, Bus, bunt, und, Gast, Gas, gut, Daune, Bude, Sage usw.

Hier siehst du ein Bild von Schloss Charlottenburg, in dem einige Teile fehlen. Wenn du die passenden Teile findest und ihre Buchstaben in der richtigen Reihenfolge in die Lösungsleiste einträgst, erfährst du den zweiten Vornamen der ersten preußischen Königin.

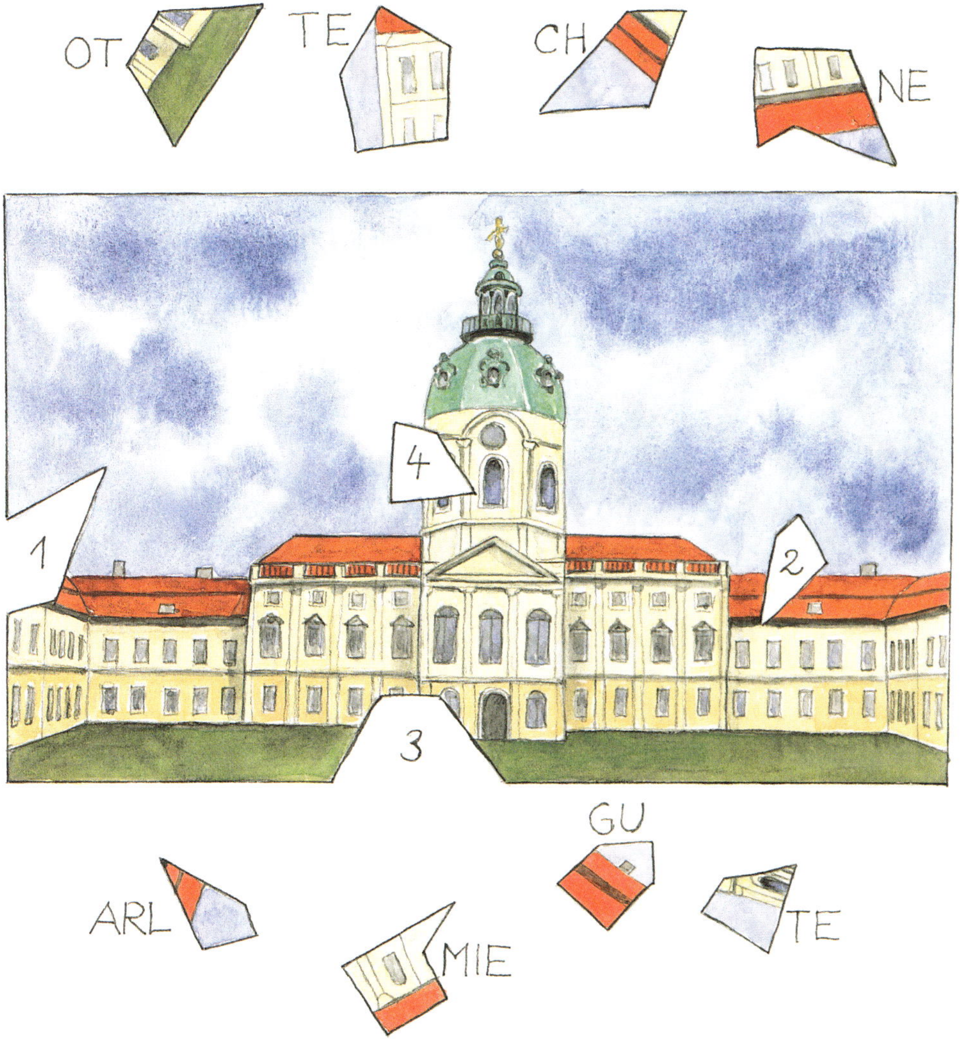

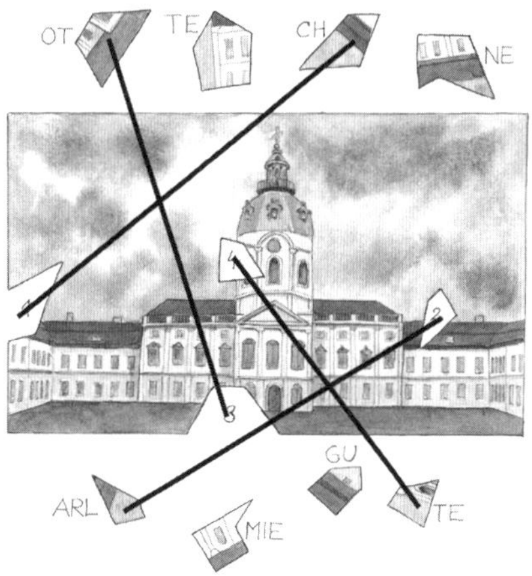

CHARLOTTE

Die erste preußische Königin hieß Sophie Charlotte und lebt von 1668 bis 1705; Königin von Preußen war sie 1701 bis 1705.

Der Vater Friedrichs des Großen, Friedrich Wilhelm I., wurde »Soldatenkönig« genannt. Er liebte das Militär und die Disziplin. Ganz besonders aber liebte er sein Regiment baumlanger Soldaten, von denen keiner unter 1,88 m groß sein durfte. Zwölf lange Afrikaner tauschte er sogar mit den Holländern gegen Stützpunkte in Westafrika! Wenn du den »Buchstabensalat« zu sinnvollen Wörtern zusammensetzt und in die Spalten einträgst, ergibt sich im hellgrauen Streifen der Spitzname dieser Garnison aus besonders großen Männern.

DILSCH
NANOKE
MONIFUR
WEHGER
WERSCHT

NANOKENGLUKE
LEHM
TRÜLEG
SEILEFT
BÄSLE

Schild
Kanone
Uniform
Gewehr
Schwert
Kanonenkugel
Helm
Gürtel
Stiefel
Säbel

LANGE KERLS

Die Berliner haben bekanntlich ein loses Mundwerk und sind unter anderem schnell mit Spitznamen für neue Bauwerke bei der Hand. Hier siehst du einige der »umbenannten« Bauten. Wenn du den Silbensalat, der unter ihnen steht, richtig sortierst, erfährst du ihre Spitznamen.

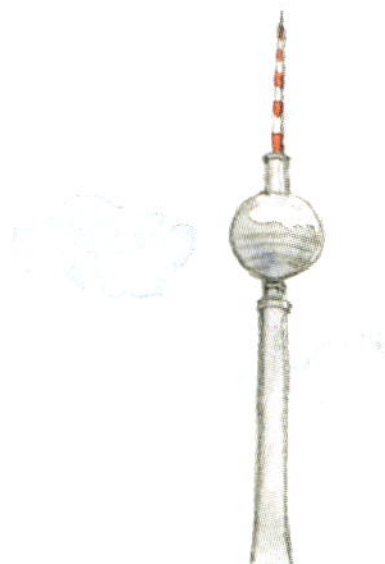

SPARLETEGEL

SEELGOLD

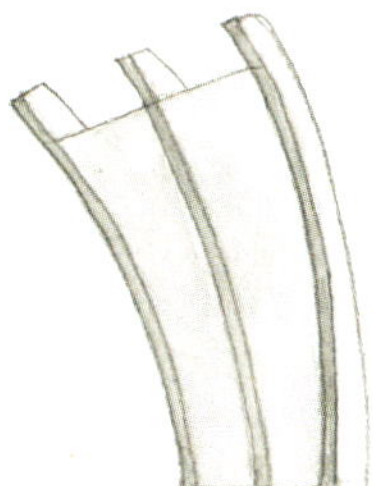

HARGERHUNKE

WASKLOPSSER

LERHOH ZAHN

SCHIWASCHMADESBUNNE

Fernsehturm = Telespargel
Figur auf der Siegessäule = Goldelse
Denkmal der Luftbrücke = Hungerharke
Weltkugelbrunnen = Wasserklops
Turm der Kaiser-Wilhelm-Gedächtnis-Kirche = Hohler Zahn
Bundeskanzleramt = Bundeswaschmaschine

Hier siehst du acht »Berliner Bären« aus Plüsch. Nur zwei davon sind dem Hersteller ganz gleich geraten. Welche sind es?

5 4 3 2 1 14 13 12 11

Konzept und Illustration: Sigrid Gregor

ISBN 978-3-7607-6856-4

www.arsedition.de